Danse macabre

Anonymous

Alpha Editions

This edition published in 2022

ISBN : 9789356893054

Design and Setting By
Alpha Editions
www.alphaedis.com
Email - info@alphaedis.com

Danse macabre

Hec pictura decus. pompam. luxumque relegat:Inque choris nostris ducere festa monet.

¶Lacteur

O creature raisonnable
Qui desires vie eternelle
Tu as cy doctrine notablepour bien finer vie mortelle
La dance macabre sappelle
Que chascun a dancer aprent
A homme et femme est naturelle
Mort nespergne petit ne grant

En ce mirouer chascun peut lire
Qui li conuient ainsi danser
Saige est cellui qui bien si mire
Le mort le vif fait auancer
Tu vois les plus grans commencer
Car il nest nul que mort ne fiere
Cest piteuse chose y penser
Tout est forge dune matiere

¶Le mort

Vous qui viuez certainement
Quoy quil tarde ainsi danseres
Mais quant/ dieu le scet seulement
Auisez: comme nous vous feres
Dam pape. vous commenceres
Comme le plus digne seigneur
En ce point honnoure seres
Au grant maistre est deu lonneur

¶Le pape

Hee: fault il que la danse maine
Le premier: qui suis dieu en terre
Iay eu dignite souueraine
En leglise comme saint pierre
Et comme autre mort me vient querre
Encor point mourir ne cuidasse
Mais la mort a tous maine guerre
Peu vault honneur qui si tost passe

¶Le mort

Et vous le non pareil du monde
Prince & seigneur grant emperiere
Laisser vous fault la pomme ronde
Armes/ ceptre/ timbre/ baniere
Ie ne vous lairray pas derriere
Vous ne pouez plus seignourir
Ien maimne tout cest ma manière
Les filz adam fault tous mourir.

¶Lempereur

Ie ne scay deuant qui iappelle
De la mort: qui si me demaine
Armer me fault de pic de pelle
Et dung linceul/ ce mest grant peine
Sur tous ay eu grandeur mondaine
Et morir me fault pour tout gaige
Quest ce de ce mortel demaine
Les grans ne lont pas dauantaige

¶Le mort

Vous faictes lesbahy se semble
Cardinal: sus legerement

Suiuons les autres tous ensemble
Rien ny vault esbahissement
Vous aues vescu haultement
Et en honneur a grant diuis
Prenez en gre lesbatement
En grant honneur se pert laduis

¶Le cardinal

Iay bien cause de mesbahir
Quant ie me voy de si pres pris
La mort mest venue assaillir
Plus ne vestiray vert ne gris
Chapeau rouge: chape de pris
Me fault laisser a grant destresse
Ie ne lauoye pas apris
Toute ioye fine en tristesse

¶Le mort

Venez noble roy couronne
Renomme de force & prouesse
Iadis fustes enuironne
De grans pompes de grant noblesse
Mais maintenant toute haultesse
Lesseres: vous nestes pas seul
Peu aures de vostre richesse
Le plus riche na qun linceul

¶Le roy

Ie nay point apris a danser
A danse & note si sauuaige
Las on peult bien veoir & penser
Que vault orgueil/ force/ lignage
Mort destruit tout cest son vsage
Aussi tost le grant que le mendre
Qui moins se prise plus est sage
En la fin fault deuenir cendre

¶Le mort

Patriarche pour basse chiere
Vous ne poues estre quite
Vostre double croix quauez chiere
Vng autre aura: cest equite
Ne pensez plus a dignite
Ia ne serez pape de romme
Pour rendre compte estes cite
Folle esperance decoit lomme

¶Le patriarche

Ie voy bien que mondain honneur
Ma deceu: pour dire le voir
Mes ioyes a tourne en douleur
Et que vault tant donneur auoir
Trop hault monter nest pas scauoir
Hauls estas gastent gens sans nombre.
Mais peu le veulent parceuoir
A hault monter le fais encombre

¶Le mort

Cest de mon droit que ie vous maine
A la dance gent connestable
Le plus fort: comme charlemaigne
Mort prent: cest chose veritable
Rien ny vault chiere espouentable
Ne forte armeure en cest assault
Dun cop iabas le plus estable
Rien nest darmes quant mort assault

¶Le connestable

Iauoye encor intention
Dassaillir chasteau: forteresse
Et mener a subiection
En acquerant honneur/ richesse
Mais ie voy que toute prouesse
Mort met abas: cest grant despit
Tout lui est vng: doulceur rudesse
Contre la mort na nul respit

¶Le mort

Que vous tirez la teste arriere
Archeuesque tirez vous pres
Auez vous paour quon ne vous fiere
Ne doubtez. vous venrez apres
Nest pas tousiours la mort empres
Tout homme & le suyt coste a coste
Rendre conuient debtes & prestz
Vne fois fault compter a loste

¶Larcheuesque

Las ie ne scay ou regarder
Tant suis par mort a grant destroit
Ou fuiray ie pour moy aider
Certes qui bien la congnoistroit
Hors de raison iamais nistroit
Plus ne gerray en chambre painte
Mourir me conuient cest le droit
Quant faire fault cest grant contrainte

¶Le mort

Vous qui entre les grans barons
Auez eu renom cheualier
Oubliez trompettes. Clarons
Et me suiuez sans sommeiller
Les dames soulies reueiller
En faisant dancer longue piece
A autre dance fault veiller
Ce que lung fait lautre depiece

¶Le cheualier

Or ay ie este auctorise
En plusieurs faitz & bien fame
Des grans & des petis prise
Auec ce des dames ame
Ne oncques ne fu diffame
A la court de seigneur notable
Mais a ce cop suis tout pasme
Dessoubz le ciel na rien estable

¶Le mort

Tantost naurez vaillant ce pic
Des biens du monde: et de nature
Euesque. de vous il est pic
Non obstant vostre prelature
Vostre fait gist en auanture
De vos subietz fault rendre compte
A chascun dieu fera droicture
Nest pas asseur qui trop hault monte

¶Leuesque

Le cueur ne me peult esiouir
Des nouuelles que mort maporte
Dieu vouldra de tout compte ouyr
Cest ce que plus me desconforte
Le monde aussi peu me conforte
Qui tous a la fin desherite
Il retient tout: nul rien nemporte
Tout ce passe fors le merite

¶Le mort

Auancez vous gent escuier
Qui scauez de dancer les tours
Lance porties et escu hier
Et huy vous finerez vos iours
Il nest rien qui ne praigne cours
Dansez & pensez de suiuir
Vous ne pouez auoir secours
Il nest qui mort puisse fuyr

¶Lescuier

Puis que mort me tient en ses las
Au moins que ie puisse vng mot dire
Adieu deduis: adieu soulas
Adieu dames plus ne puis rire
Pensez de lame qui desire
Repos: ne vous chaille plus tant
Du corps: qui tous les iours empire
Tous fault mourir on ne scet quant

¶Le mort

Abbe: venez tost vous fuyes
Nayez ia la chiere esbahie
Il conuient que la mort suiuez
Combien que moult lauez haye
Commandez a dieu labbaye
Qui gros & gras vous a nourry
Tost pourrires a peu daye
Le plus gras est premier pourry

¶Labbe

De cecy neusse point enuie
Mais il conuient le pas passer
Las or nay ie pas en ma vie
Garde mon ordre sans casser
Gardez vous de trop embrasser
Vous qui viuez au demourant
Se vous voulez bien trespasser
On saduise tart en mourant

¶Le mort

Baillif qui scauez quest iustice
Et hault & bas: en mainte guise
Pour gouuerner toute police
Venez tost a ceste assise
Ie vous adiourne de main mise
Pour rendre compte de vos faitz
Au grant iuge qui tout vng prise
Vng chascun portera son fais

¶Le baillif

He dieu: vecy dure iournee
De ce cop pas ne me gardoye
Or est la cause bien tournee
Entre iuges honneur auoye
Et mort fait raualler ma ioye
Qui ma adiourne sans rappel
Ie ny voy plus ne tour ne voye
Contre la mort na point dappel

¶Le mort

Maistre pour vostre regarder
En hault: ne pour vostre clergie
Ne pouez la mort retarder
Cy ne vault rien astrologie
Toute la genealogie
Dadam: qui fut le premier homme
Mort prent. ce dit theologie
Tous fault mourir pour vne pomme

¶Lastrologien

Pour science: ne pour degrez
Ne puis auoir prouision
Car maintenant tous mes regretz
Sont: mourir a confusion
Pour finable conclusion
Ie ne scay rien que plus descrire
Ie pers cy toute aduision
Qui vouldra bien mourir bien viue

¶Le mort

Bourgois: hastez vous sans tarder
Vous nauez auoir ne richesse
Qui vous puisse de mort garder
Se des biens dont eustes largesse
Auez bien vse. cest sagesse
Dautrui vient tout: a autrui passe
Fol est qui damasser se blesse
On ne scet pour qui on amasse

¶Le bourgois

Grant mal me fait si tost laisser
Rentes. maisons/ cens/ nourriture
Mais paures. riches abaissier
Tu fais mort: telle est ta nature.
Sage nest pas la creature
Damer trop les biens qui demeurent
Au monde. et sont siens de droicture
Ceulx qui plus ont. plus enuiz meurent

¶Le mort

Sire chanoine prebendez
Plus naurez distribution
Ne gros: ne vous y attendez
Prenez cy consolation
Pour toute retribution
Mourir vous conuient sans demeure
Ia ny aurez dilation
La mort vient quon ne garde leure

¶Le chanoine

Cecy guere ne me conforte
Prebende suis en mainte eglise
Or est la mort plus que moy forte
Qui tout emmaine: cest sa guise
Blanc surpelis: aumusse grise
Me fault laisser: et a mort rendre
Que vault gloire si tost bas mise
A bien mourir doit chascun tendre

¶Le mort

Marchant regardez par deca
Plusieurs pays auez cherchie
A pie: et a cheual de pieca
Vous nen serez plus empesche
Vecy vostre dernier marche
Il conuient que par cy passez
De tout soing serez despesche
Tel couuoite qui a assez

¶Le marchant

Iay este a mont et aual
Pour marchander ou ie pouoie
Par long temps: a pie: a cheual
Mais maintenant pers toute ioye
De tout mon pouoir acqueroye
Or ay ie assez mort me contraint
Bon fait aler moyenne voye
Qui trop embrasse peu estraint

¶Le mort

Ales marchant sans plus rester
Ne faictes ia cy resistance
Vous ny pouez rien conquester
Vous aussi homme dastinence
Chartreux prenez en pacience
De plus viure nayez mémoire
Faictes vous valoir a la danse
Sur tout homme mort a victoire

¶Le chartreux

Ie suis au monde pieca mort
Par quoy de viure ay moins enuie
Ia soit que tout homme craint mort.
Puis que la chair est assouuie
Plaise a dieu que lame rauie
Soit es cieulx apres mon trespas
Cest tout neant de ceste vie
Tel est huy qui demain nest pas

¶Le mort

Sergent qui portes celle mace
Il semble que vous rebellez
Pour neant faictes la grimace
Son vous greue si appellez
Vous estes de mort appellez
Qui lui rebelle il se decoit
Les plus fors sont tost raualllez
Il nest fort quaussi fort ne soit.

¶Le sergent

Moy qui suis royal officier
Comme mose la mort frapper
Ie faisoye mon office hyer
Et elle me vient huy happer
Ie ne scay quelle part eschapper
Ie suis pris deca & dela
Malgre moy me laisse attrapper
Enuiz meurt qui apris ne la

¶Le mort

Ha maistre par la passerez
Naiez ia soing de vous deffendre

Plus hommes nespouenteres
Apres moine sans plus attendre
Ou penses vous si fault entendre
Tantost aurez la bouche close
Homme nest fors que vent & cendre
Vie dhomme est moult peu de chose

¶Le moine

Iamasse mieulx encore estre
En cloistre & faire mon seruice
Cest vng lieu deuot & bel estre
Or ay ie comme fol et nice
Ou temps passe commis maint vice
De quoy nay fait penitance
Souffisant/ dieu me soit propice
Chacun nest pas ioyeux qui dance

¶Le mort

Vsuriers. de sens desrigles
Venez tost. et me regardez
Dusure estes tant aueugles
Que dargent gaigner tout ardez
Mais vous en serez bien lardez
Car ce dieu qui est merueilleux
Na pitie de vous tout perdez
A tout perdre est cop perilleux

¶Lusurier

Me conuient il si tost mourir
Ce mest grant peine et greuance
Et ne me pourroit secourir
Mon or mon argent ma cheuance
Ie vois mourir la mort mauance
Mais il men desplaist somme toute
Quest ce de male acoustumance
Tel a beaux yeulx qui ne voit goute

¶Le poure homme

Vsure est tant mauuais peche
Come chascun dit: & racompte
Et cest homme qui approche

Se sent de la mort: nen tient conte
Mesme largent: quen ma main compte:
Encor a vsure me preste
Il deura de retour au compte:
Nest pas quite qui doit de reste

¶Le mort

Medecin a tout vostre orine
Voyez vous icy quamender
Iadis sceutes de medecine
Assez pour pouoir commander
Or vous vient la mort demander
Comme autre vous conuient mourir
Vous ny pouez contremander
Bon mire est qui se scet guerir

¶Le medecin

Long temps a quen lart de phisique
Iay mis toute mon estudie
Iauoys science et pratique
Pour guerir mainte maladie

Ie ne scay que ie contredie
Plus ny vault herbe ne racine
Nautre remede quoy quon die
Contre la mort na medecine

¶Le mort

Gentil amoureux gent et frique
Qui vous cuidez de grant valeur
Vous estes prins la mort vous pique
Le monde lairez a douleur
Trop lauez ame: cest foleur
Et a mourir peu regarde.
Ia tost vous changeres couleur
Beaute nest que ymage farde

¶Lamoureux

Helas: or ny a il secours
Contre la mort adieu amourettes
Moult tost va ieunesse a decours
Adieu chapeaux boucques florettes
Adieu amans et pucellettes
Souuienne vous de moy souuent
Et vous mires se sages estes
Petite pluye abat grant vent

¶Le mort

Aduocat sans long proces faire
Venez vostre cause plaidier
Bien auez sceu les gens attraire
De pieca non pas duy ne dyer
Conseil si ne vous peut aider
Au grant iuge vous fault venir
Sauoir le deuez sans cuider
Bon fait iustice preuenir

¶Laduocat

Cest bien droit que raison se face
Ne ie ny scay mettre deffence
Contre mort na respit ne grace
Nul nappelle de sa sentence
Iay eu de lautruy quant ie y pense
Dequoy ie doubte estre repris
A craindre est le iour de vengeance
Dieu rendra tout a iuste pris

¶Le mort

Menestrier qui dances et notes
Scauez: et auez beau maintien
Pour faire esiouir sos et sotes
Quen dictes vous: alons nous bien
Monstrer vous fault puis que vous tien
Aux autres cy vng tour de dance
Le contredire ny vault rien
Maistre doit monstrer sa science

¶Le menestrier

De danser ainsi neusse cure
Certes tresenuiz ie m'en mesle
Car de mort nest peine plus dure
Iay mis soubz le banc ma vielle
Plus ne corneray sauterelle
Nautre danse. mort men retient
Il me fault obeir a elle
Tel danse a qui au cueur nen tient

¶Le mort

Passes cure sans plus songer
Ie sens questes abandonne

Le vif/ le mort solies menger
Mais vous seres aux vers donne
Vous fustes iadis ordonne
Miroer dautruy et exemplaire
De voz fais seres guerdonne
A toute paine est deu salaire

¶Le cure

Vueille ou non il fault que me rende
Il nest homme que mort nassaille

De mes parroissiens offrende
Nauray iames: ne funeraille

Deuant le iuge fault que ie aille
Rendre compte las douloureux
Or ay ie grant paour que ne faille
Qui dieu quitte bien est eureux

¶Le mort

Laboureur qui en soing & peine
Auez vescu tout vostre temps
Morir fault cest chose certaine
Reculler ny vault ne contemns
De mort deues estre contens
Car de grant soussi vous deliure
Approchez vous ie vous attens
Fol est qui cuide tousiours viure

¶Le laboureur

La mort ay souhaitte souuent
Mais voulentiers ie la fuisse
Iamasse mieulx fist pluye ou vent
Estre es vignes ou ie fouisse
Encor plus grant plaisir y prisse
Car ie pers de paour tous propos
Or nest il qui de ce pas ysse
Au monde na point de repos

¶Le mort

Faictes voye vous auez tort
Laboureur apres cordelier
Souuent auez presche de mort
Si vous deuez moins merueiller
Ia ne sen fault esmoy bailler
Il nest si fort que mort nareste
Si fait bon a mourir veiller
A toute heure la mort est preste

¶Le cordelier

Quest ce que de viure en ce monde
Nul homme a seurte ny demeure
Toute vanite y habunde
Puis vient la mort qua tous court seure
Mendicite point ne masseure
Des meffaitz fault payer lamende.
En petit dheure dieu labeure
Sage est le pecheur qui samende

¶Le mort

Petit enfant naguere ne
Au monde auras peu de plaisance
A la danse seras mene
Comme autre: car mort a puissance
Sur tous: du iour de sa naissance
Conuient chascun a mort offrir:
Fol est qui nen a congnoissance
Qui plus vit plus a a souffrir

¶Lenfant

A: a: a: ie ne scay parler
Enfant suis: iay la langue mue
Hyer nasquis huy men fault aller
Ie ne fais quentree & yssue
Rien nay meffait mes de paour sue
Prendre en gre me fault cest le mieulx
Lordonnance dieu ne se mue
Aussi tost meurt ieune que vieux

¶Le mort

Cuidez vous de mort eschapper
Clerc esperdu pour reculer

Il ne sen fault ia defripper
Tel cuide souuent hault aller
Quon voit acop tost raualler
Prenez en gre allons ensemble
Car rien ny vault le rebeller
Dieu punist tout quant bon lui semble

¶Le clerc

Fault il qun ieune clerc seruant

Qui en seruice prent plaisir
Pour cuider venir en auant
Meure si tost: cest desplaisir
Ie suis quitte de plus choisir
Autre estat: il fault quansi danse
La mort ma pris a son loisir
Moult remaint de ce que fol pense

¶Le mort

Clerc: point ne fault faire refus
De danser: faicte vous valoir
Vous nestes pas seul: leues sus
Pourtant moins vous en doit chaloir
Venez apres cest mon vouloir
Homme nourry en hermitage
Ia ne vous en conuient doloir
Vie nest pas seur heritage

¶Lermite

Pour vie dure ou solitaire
Mort ne donne de viure espace
Chascun le voit si sen fault taire
Or requier dieu qun don me face
Cest que tous mes peches efface
Bien suis content de tous ses biens
Desquelz iay vse de sa grace
Qui na suffisance il na riens

¶Le mort

Cest bien dit ainsi doit on dire
Il nest qui soit de mort deliurequi mal Vit il aura du piresi pense chascun de bien viuredieu pesera tout a la liurebon y fait penser soir et main

Meilleur science na en liure
Il nest qui ait point de demain

Mortales dominus cunctos in luce creauit.Vt capiant meritis gaudia summa poli.Felix ille quidem qui mentem iugiter illuc.Dirigit: atque vigil noxia queque cauet.Nec tamen infelix: sceleris quem penitet acti.Quique suum facinus plangere sepe solet.Sed viuunt homines/ tanquam mors nulla sequatur.Et velut infernus fabula vana foret.Cum doceat sensus viuentes morte resolui.Atque herebi penas pagina sacra probet.Quas qui non metuit infelix prorsus & amens.Viuit: & extinctus senciet ille rogumSic igitur cuncti sapientes viuere certent.Vt nichil inferni sit metuenda palus

Vous qui en ceste pourtraicture
Veez dancer estaz diuers
Pensez que humaine nature
Ce nest fors que viande a vers
Ie le monstre: qui gis en vers
Si ay ie este roy couronnez
Telz serez vous bons & peruers
Tous estas: sont a vers donnes

¶Lacteur

Rien nest domme qui bien y pense
Cest tout vent: chose transitoire
Chascun le voit: par ceste danse
Pource vous qui veez listoire
Retenez la bien en mémoire
Car homme & femme elle amonneste
Dauoir de paradis la gloire
Eureux est qui es cieulx fait feste

Bon y fait penser soir & main
Le penser en est prouffitable
Tel est huy: qui mourra demain
Car il nest rien plus veritable
Que de mourir: ne moins estable
Que vie domme. on laparcoit
A leul pour quoy nest pas fable
Fol ne croit iusques il recoit

Mais aucuns sont a qui nen chault
Comme sil ne fust paradis
Ne enfer. helas il auront chault
Les liures que firent iadis
Les sains: le monstrent en beaux dis
Acquitez vous qui cy passes
Et faictes des biens: plus nen dis
Bien fait vault moult es trespasses

[Les trois morts et trois vifs]

¶Lermite

Ouure tes yeux creature chetiue
Vien veoir les fais de la mort exessiue
De qui iay eu en ce lieu vision
Pensee nest si trescontemp
latiueque dauoir en vne heure hastiue
Vng tel regard neust admirationde trois corps mors mest lapparition
Venue yci auecques leurs suaires
Pareillement leurs terribles viairesdeffigures & leurs corps descouuersles trous des yeux et du nes ouuersles os tous secz/ iambes/ bras/ pieds & mains
Tous demengies & partuises de verscest le tribut que mort doit aux humains

terrible mort sus tous autres terribleson te doit bien par tes euures horriblesdire & clamer puis que par ta morsureet par assaulx soudains imperceptiblespar coups mortelz diuers irremissibles
Telle tu fais humaine creaturede tes euures ay veu la pourtraicture
Tant diuerse tant cruelle et hideuse
Deffiguree/ horrible/ merueilleusedeuant mes yeux en ce poure hermitagequi mont trouble tellement le corageque plus ne peut de tel euure congnoistrebien doit penser a la mort qui est sagecar en la fin il nous conuient telz estre

Or ne scet on si ces trois autreffoisont este ducs/ barons/ contes ou royspapes abbes cardinaulx ou chanoinesne qui estoit le plus noble des troissilz ont este bossus hommes ou droissilz ont este preuosts ou capitainesfors quilz ont eu tous trois faces humainesqui ont este en la terre ammurees
La ou les vers les ont deffigurees
Si quil nya plus rien que lossement
Qui est a tous grant esbahissementet est bien fol a qui point nen souuient
Grans et petis vniuersellement
Vne fois telz estre nous conuient

De lautre part sont venus vis a vissur iii cheuaux iii biaux homes tous vismais en voyant ceste chose admirableIl a semble quilz ont este rauisTrop long seroit a conter le diuisdes trois viuens piteux & lamentablecelui neut deux qui ne fust doubtablede veoir les mors & non pas sans raisoncar quiconque veoit feu en la maisonde son voisin prochain mettre & getterde la sienne par cause doit doubterdont les viuens que les mors aperceurentmerueille nest si de fort sespouentera celle heure cause raisonnable eurent

les mors aux vis les vis au mors parlerent& aux viuans les iii mors reuellerentde mort les grans & terribles assaulxet tellement les viuens espoenterentque a bien petit que tous ne trebucherenta la terre de dessus leurs cheuaulxlung laissa chiens & lautre ses oyseauxen requerant a dieu grace & mercyque requerir nous lui deuons aussien lui priant par sa saincte puissancequil nous donne faire vraye penitancesi que au monde que nous sommes mortelznous facons tant que ayons la ioyssanceapres la mort des regnes immortelz

¶Le premier mort

Se nous vous aportons nouuelles
Qui ne soient ne bonnes ne belles
A plaisance ou a desplaisance
Prendre vous fault en pacience

Car ne peut estre autrement
Beaux amis: tout premierement
Non obstant quelque richesse
Puissance/ honneur/ force ou ieunesse
Nous vous denoncons tout de voir
Qui vous conuient mort receuoir

Vne mort las: si douloureuse
Si amere: si angoisseuse
Que les mors qui en sont deliure
Ne vouldroient iames reuiure
Pour morir encor de tel mort
Et apres quant vous seres mort
Tout ainsi que poures truans
Vous seres hydeux et puans
Des nostres/ et de noz liurees
Et voz ames seront liurees
Ie nen dis plus mais cest du pire
Il me souffist asses de dire

De voz meschans corps la misere
Qui ne sont pas dautre matiere
Certainement ne que nous sommes
Na guiere estions puissans hommes
Or sommes telz comme voyes
Se vous voules si pouruoyes
Et bien y deuez pourueoir
Quant en nous vous pouez veoir
Comme de vous il aduiendra
Et quel loyer mort vous rendra
Car voz corps qui sont plains dordure
Aller fera a porriture
Telz comme vous vng temps nous fumes
Telz seres vous comme nous sommes

¶Le second mort

Pouruoyez y se vous voules
Autrement que vous ne soules
Car certes la mort vous espie
Pour vous oster des corps la vie
Plus briefuement que ne cuides
Qui estes si oultrecuides
Que pour vng peu de ioye vainne
Vng peu de plaisance mondaine

Qui est de si courte duree
Tost venue: plus tost alee
Voulez perdre la ioye fine
De paradis qui point ne fine
Et qui pis est damnes seres
Aultrement nen eschaperes
Mais se sera sans deliurance
Comme auez vous a tel plaisance
Dictes nous: meschans orguilleux
En ce monde si perilleux
Ou il nya que diuisions
Et diuerses tribulations
Puis guerre. puis mortalite
Tousiours nouuelle aduersite
Reuient auant que lautre faille
Vous ne scauez homme sans faille
Tant soit puissant: veille ou non vueille
Qui ne seuffre. qui ne se deule
Ailleurs doncques repos queres
Car cy point ne la trouueres
Repos aures en paradis
Si croire vous voules es dis
Des sages qui conseillent faire
Ce que faire est necessaire
Pour laquerir et pour lauoir
Rien mieulx nully ne peut auoir
Faictes des bien plus que poues
Autre chose nemporteres

Omnium terribilium mors

¶Le tiers mort

O folle gent mal aduisee
Que ie voy ainsi desguisee
De diuers habis: et de robes
Et dautres choses que tu robes
Tant puante charongne a vers
Et prens de tort & de trauers
Ne il ne te chault dou te vienne
Mais que ton estat se maintiegne
Quant ie reuoy tes faulx delits
De vin/ de viande/ de lis
Les grans exces. les grans oultrages
Dont ceulx qui font les labourages
Aux champs. & pour toy se trauaillent
Tous nus: & de fain crient & baillent
Quant ie voy tel gouuernement
Ie doubte que soudainement
Dieu telle vengeance nen face
Que vous nayez temps ne espace
Seulement de crier mercy
Cuidez vous tousiours regner cy

Folz. meschans de male heure nez
Qui en ce point vous demenez
Nenny nenny vous y mourrez
Faictes du pis que vous pourres
Lors aures pardurable vie
Bonne ou male: nen doubtez mie
Dieu est iuste il payera
Chascun selon ce quil fera
Faictes des biens nattendez pas
Que ceulx dapres vostre trespas
Pour vous en facent quamez chier
Qui ne vous vouldroient aprocher
En la terre vous porteront
Et tost apres vous oublieront
Et telz cuidez vos bons amis
Qui sont vos plus grans ennemis

¶Le premier vif

O saincte croix par ta puissance
Dont ie voy la remembrance
Garde mon corps & ne consens

Que ie perde au iourdui le sens
Pour ceste gent hideuse et morte
Qui telz nouuelles nous aporte
Nouuelles dures et peruerses
Las: entre les choses diuerses
Touchant nostre fragilite
De quoy nous ont dit verite
Mon poure cueur de paour tremble
Quant trois mors ainsi vont ensemble
Deffigures/ hydeux/ diuers

Tous pourris & menges de vers
Le premier dit: bien men sonuient
Que mort endurer nous conuient
A grant angoisse et grant douleur
Dont il me fist muer couleur
Et des ames dist vne chose
Que declarer ne veult ne nose
Ie croy cest de leur damnement
En enfer pardurablement
Telz nouuelles ne sont pas bonnes
Helas nous chetiues personnes
A quoy nous fist oncques dieu naistre
En ce meschant monde pour estre
Si tost liurez a tel ordure
De ma vie nauray plus cure
Quant ie voy que les gens qui viuent
Tant de maleurte ensuiuent
Que ie prise trop mieulx asses
Le poure estat des trespasses
Car tousiours sans fin durera
Ou cellui des vifs finera
Et en lestat qui tousiours dure
Chascun viure doit mettre cure

¶Le second vif

Est ce doncques a bon essiant
Que la mort nous va espiant
Et qui nous fault ainsi mourir
Nest il homme qui secourir
En puist. pour or ne pour argent
Helas: conuient il ieune gent
A tel horriblete venir

Oncques ne men peut souuenir
Mais ie voy bien que cest acertes
Ie voy les enseignes appertes
De mort passerons les destrois
Et deuenrons comme ces trois
Cest la fin de nostre besongne
Helas helas. meschant charongne
Mes que tu faces tes plaisirs
Tes volentes tes faux desirs
Il ne te chault du remenant
Or veons nous bien maintenant
Que par toy nous sommes deceu
Qui iusques a cy te auons creu
Et de nos ames peu te chault
Se elles ont ou froit ou chault
Fy: charongne qui rien ne vault
Tu aimes mieulx les grans cheuaulx
Les beaux habits si peu durables
Et telles choses corrumpables
Pour toy meschant corps & rebelle
Que tu ne fais vne ame belle
Et si sces bien que tu mourras
Et en la terre pourriras
Ou lame pardurablement
En ioye viura: ou en tourment
Pensons doncques si bien finer
Que en ioye puissons finer
Bon y fait penser quant on peut
Souuent on ne peut quant on veult

¶Le tiers vif

Certes cest bien dit mais au fort
Il nya point de desconfort
Tous nous conuient passer ce pas
Et croy que dieu ne nous hait pas
Mesbeaux seigneurs & beaux amis
Quant ces troys mors nous a transmis
Qui donne nous ont congnoissance
De la mort & de la meschance
Qui nous vient finer nostre ioye
Helas iamais ie ne cudoye
Que ce temps cy nous deust faillir
Ne que mort osast assaillir

Telz gentilz gens comme nous sommes
Mais ie voy bien que riches hommes
Sont telz & de nulle vallue
Ne plus ne moins que gent menue
Nen parlons plus cest tout neant
Maintenant ie suis cler voyant
Que la ioye du monde est brefue
Et la fin delle point ne griefue
En enfer est horrible peine
En paradis a ioye plaine
Sur toute ioye delectable
Et lune & lautre est pardurable
Or ensuiuons ie vous emprie
Desormais la meilleur partie
Fol est qui choisist & depart
Quant il eslist la pire part,
Deux voies auons deuant nos yeulx
Nous qui viuons ieunes & vieux
Vne a ioye. et repos maine
Lautre a tourment & a peine
Pour ioye et repos auoir
Bien fault faire doit on scauoir
Qui mal fait & ne se repent
Il aura peine & tourment

Las: & pour quoy prens tu si grant plaisir
Homme abuse plain de presumptionen ce faulx monde. ou na que desplaisir
Enuie/ orgueil/ guerre et discension
Bien maleureuse est ton affection
Que pense tu: as tu plus grant enuiede viure en doubte en ceste courte viequi les mondains a la mort denfer mainecest bone chose de viure en vie certaine
Las tu sces bien: si tu nes insensible
Que cest chose forte. voire impossible
De auoir sa ius ton aise entierement
Et apres mort la sus pareillement
Helas: pourtant change condition
Et te rauise. ou tu es autrement
Homme deffait et a perdition

Lequel veux tu ou mort ou vie choisir
Choisir des deux tu as discretion
Ayme tu mieulx de ton corps le desir
Pour ton ame mettre a damnation
Que viure vng peu en tribulation
Et que apres mort ton ame soit rauie
En gloire es cieulx: qui de nul deseruie
Estre ne peut en ceste vie humaine
Si ne lesse terre: auoir et demaine
Et pere: & mere: & tout sil est possibleet viure en peine. et en labeur terribleen seruant dieu tousiours paciemment
Cest le chemin qui conduit seurement
Apres trespas lomme a saluationet qui va autrement: il va a damnement
Homme deffait et a perdition

Cuide tu cy tousiours auoir loisir
Dauoir pardon sans satisfactionet toute nuyt en blanc lit mol gesir
Puis a ce iour sans operation
Passer le temps en delectationtant que du tout la char soit assouie
Pense tu point quil faille quon deuieet que prengne fin puissance mondainehelas oy: car mort viendra soudainevne heure a toy auec son dart horible
Si tresacop comme chose inuisible
Que pas nauras loisir aucunement
De dire a dieu: peccaui seulement
Ainsi mourras tost sans contrictiondont tu seras par diuin iugement
Homme deffait et a perdition

Homme en peril saches certainementque se tu nas autre vouloir brefment
De tamender: nautre deuotion
Tu te verras vng iour subitement
Homme deffait et a perdition

Arte noua pressos si cernis mente libellosIngenium tociens exuperabit opusnullus adhuc potuit huius contingere summumars modo plura nequit: ars dedit omne suum

Vir fuit istud opus quod conditor indicat huius

Cy finist la dance macabre historiee et augmentee de plusieurs nouueaux personnages et beaux dits. Et les trois mors & trois vifs ensemble nouuellement ainsi composee et imprimee a paris